Couvertures supérieure et inférieure
manquantes

# OBSERVATIONS

## RELATIVES A LA RÉCLAMATION

## ADRESSÉE AU CONSEIL MUNICIPAL

PAR

### LES HABITANTS DU FAUBOURG SAINT-MICHEL

CONCERNANT

## L'OUVERTURE DE LA RUE DES GALLOIS.

A M. Le Maire, et à MM. les membres du
Conseil municipal de la ville de Toulouse.

*Messieurs,*

Dans la session de février, le Conseil Municipal étant
appelé à émettre son avis sur les oppositions formulées
dans l'enquête ouverte par arrêté du 8 décembre dernier, de M. le Préfet, sur le projet de suppression de
la rue des Gallois, et de cession du sol de cette rue
aux Dames du Refuge, les propriétaires et habitants

du quartier Saint-Michel et des Récollets, ont l'honneur
d'adresser au Conseil leurs nouvelles réclamations.

Dans la séance du 31 août dernier, le Conseil Municipal, par sa délibération, fit un accueil favorable à la
demande de M<sup>me</sup> la Supérieure du Refuge, pour cession du sol de *l'ancienne rue des Gallois*.

Les propriétaires et habitants de ces quartiers, éton-
nés de cette décision, dans laquelle, le Conseil n'avait
nullement pris en considération la demande de cette
population qui, depuis plusieurs années consécutives,
n'a cessé de demander, dans un but d'intérêt général,
l'ouverture de la rue des Gallois, et qu'on paraît vouloir sacrifier à un intérêt purement privé, en manifes-
tant l'intention de la vendre aux Dames du Refuge, qui
n'en font l'acquisition que pour la fermer, et n'avoir
pas une rue qui longe leur futur monastère, les habitants et propriétaires des quartiers Saint-Michel et des
Récollets, disons-nous, ont protesté contre la dite délibération du Conseil Municipal, et en ont demandé l'an-
nulation à M. le Préfet.

Il a été présenté, à cet effet, à ce haut fonctionnaire,
une requête, au nom des pétitionnaires, par MM. Pagés
de l'Ariège, propriétaire dans la rue des Récollets, le
D<sup>r</sup> Judan et Rochette père, négociant, propriétaires
dans la grande rue Saint-Michel, délégués.

A la suite de cette demande, l'enquête fut ouverte
les 29, 30 et 31 décembre dernier, voulant ainsi, faire
un appel à l'opinion publique.

Il est résulté de cette enquête que cent cinquante-une
voix se sont présentées en faveur de la conservation
de la rue, contre trente-sept qui se sont prononcées pour
l'aliénation.

Depuis lors, des bruits circulent de tout côté, parvenus aux oreilles de l'autorité, sans doute, car c'est là le but, tendant à entacher cette majorité de l'enquête qui s'est déclarée en faveur du maintien de la rue, en répandant que les signataires étaient, *en plus grand nombre, des ouvriers appartenant à un parti antipathique, d'abord, aux couvents, et puis hostile à l'état actuel des choses, agissant sous l'influence de quelques meneurs, qu'on qualifie d'autres épithètes encore.*

C'est ainsi qu'agissent certaines personnes pour faire échouer le succès de l'enquête que semble leur faire présager cette forte majorité en faveur du maintien de la rue : tels sont les moyens mis en usage pour ôter à notre demande toute l'importance et l'intérêt qu'elle mérite, en donnant à nos démarches légales un caractère politique et d'hostilité contre l'administration.

Heureusement que le public qui connaît le fond de la question, ne se laisse pas prendre à de semblables menées, et sait parfaitement à quoi s'en tenir à cet égard.

Du reste, ce qui se manifeste, dans ce moment au dehors, se trouverait assez justifié par une lettre adressée à M. le Maire, lettre qui fait partie du dossier officiel relatif à cette affaire, dont le public était appelé à prendre connaissance au secrétariat de la Mairie.

Qu'on parcoure les pièces de ce dossier, qu'on prenne connaissance de cette lettre dans laquelle l'auteur ajoute : *que si une enquête était possible ou nécessaire, il convient plutôt de peser la valeur des signataires, que d'en compter le nombre.*

N'entrevoit-on pas déjà, dans cette prévision de majorité dans l'enquête, l'intention étudiée et bien arrêtée, d'en attaquer la moralité !

Eh bien ! qu'on épeluche l'enquête, et dans notre majorité l'on verra que tous les signataires offrent les meilleures garanties, soit par leurs noms, comme par leur position : ils sont, presque tous propriétaires, et ceux qui, en très petit nombre, peuvent ne pas l'être, sont des industriels qui sont intéressés à voir s'ouvrir une voie de prospérité susceptible de donner de la vie et de l'animation aux diverses transactions.

Les cent cinquante-un noms figurant dans la majorité de l'enquête sont tous *habitants ou propriétaires* du quartier Saint-Michel. Dans ce nombre, ne se trouve aucune signature de complaisance, et nous avons vu se présenter à l'enquête des personnes qui n'avaient pas, comme nous, qualité, de venir émettre leur opinion dans cette question qui n'était nullement de leur fait, et cette infraction, toute minime qu'elle a été, il faut le dire, n'en a pas moins grossi cette minorité des trente-sept.

Pourquoi venir encore déprécier l'opinion des ouvriers qui, dit-on, se trouvent en grand nombre dans la majorité de l'enquête, ce qui n'est pas, et cela serait-il, par cela même que ce sont des ouvriers, doivent-ils être exclus des mêmes droits qu'ils ont d'adresser, à l'autorité, quand ils le jugent nécessaire, leurs plaintes, leurs réclamations? Ne sont-ce pas des citoyens? n'ont-ils pas la même faculté de désirer, de vouloir comme tout le monde?

La population du faubourg Saint-Michel est nombreuse et pauvre; elle appartient par conséquent à la

classe ouvrière ; et pour cela, elle serait frappée de ré-
probation et traitée avec dédain !

Notre persistance à demander l'ouverture de la *rue
des Gallois*, n'a jamais eu pour but d'être hostile aux
Dames du Refuge ; il n'est jamais entré dans nos vues
d'empêcher ces Dames de s'établir dans le quartier des
Récollets ; et pourtant, dans le principe, on a mis en
avant que *mus par de mesquines jalousies*, nous avions
voulu entraver, faire rompre même une vente faite et
parfaite avec les Dames du Refuge, alors même que
nous faisions ressortir l'absurdité de semblables alléga-
tions, puisque les démarches de cette communauté re-
montaient alors à peine, à deux mois, tandis que notre
demande remontait à plusieurs années (*).

Nous regrettons seulement que ces Dames se soient
laissé entraîner à faire certaines démarches , qui
devaient beaucoup mieux servir un intérêt personnel ,
que d'être favorables à leur établissement.

Qu'on consulte encore le dossier, et dans la réponse
faite aux observations de *M. Bach*, architecte des Dames
du Refuge, au sujet d'une note qui fut adressée, à la
session d'août 1863, à MM. les Membres du Conseil
Municipal, concernant notre demande, l'on y lira ce
passage :

« Nous nous bornerons à dire que ce couvent, de-
» puis la *rue des Gallois*, jusqu'à la *rue de Calais*, et
» depuis la *rue des Récollets*, jusqu'à la Garonne, au-
» rait plus d'espace qu'il ne faut, pour ramener au
» bien toutes les repenties de tous les départements du

(*) Voir la Note remise à MM. les Membres du Conseil Municipal à la session d'août 1863 , faisant partie du dossier.

» Midi : Que le couvent s'établisse comme il voudra ;
» mais qu'il ne prenne pas au quartier une rue néces-
» saire, et que les Dames du Refuge ne se fixent pas
» à Saint-Michel en blessant la nécessité, les intérêts et
» les désirs de sa nombreuse et pauvre population. »

En effet, elles ont un espace de trente mille mètres
de terrain, car M. Fieuzet, vendeur, dans une ré-
clame insérée dans le *Journal de Toulouse*, à la date
du 14 juillet dernier, s'exprime lui-même ainsi :

« Maintenant qu'arriverait-il si l'autorité compé-
» tente, régulièrement saisie par les religieuses, déci-
» dait l'ouverture de la rue des Gallois ?

« Il arriverait tout simplement que ces Dames ne
» pouvant acquérir toute la propriété qu'elles dési-
» rent joindre à la nôtre, chercheraient à s'agrandir
» d'un autre côté, à moins qu'elles ne crussent pouvoir
» se contenter de trente mille mètres qu'elles ont déjà,
» et auquel cas, je ne vois pas trop en quoi elles se-
» raient tant à plaindre. »

Mais ce langage que tient *M. Fieuzet* est fort sensé ;
il est tout à fait conforme à notre pensée ; car, ne con-
testant nullement aux Dames du Refuge le droit de
s'établir où bon leur semble, nous disons aussi : *que
le couvent s'établisse comme il voudra ; mais qu'il ne
prenne pas au quartier Saint-Michel une rue nécessaire.*

Si les habitants du quartier Saint-Michel persistent
dans leur demande, depuis plusieurs années, réitérée
pour l'ouverture de la rue des Gallois, c'est qu'ils sont
fondés.

L'opportunité en est suffisamment démontrée, soit
par l'augmentation considérable de sa population, soit

par les importants travaux nouvellement exécutés de l'autre côté de la Garonne, dans un but, sans contredit, d'animer cette partie du *Port-Garaud*, seul port marchand qui soit à Toulouse.

Ne sont-ils pas autorisés, en vue de tout ces motifs, à demander que cette voie de communication soit ouverte, pour rendre plus prompts et plus faciles, les débouchés vers le centre de cette population?

N'ont-ils pas encore le droit pour eux, en s'appuyant sur une précédente décision du Conseil Municipal, qui sur le rapport de notre illustre compatriote, M. Romiguières, arrête dans sa séance du 15 avril 1839, *qu'il est important de rétablir cette communication.*

Nous remettons sous vos yeux, cette délibération, dans laquelle il est dit :

« Vu les divers plans dressés en exécution de la loi du 16 septembre 1807, et conformément aux instructions ministérielles, pour déterminer *d'une manière fixe et définitive*, l'état actuel et les changements à apporter à l'état actuel des rues, places, chemins promenades, etc., etc.

Après avoir entendu le rapport de la commission, le Conseil arrête. . . . . . . . . . .

. . . . . . . . . . . . . . . . .

art. 2, n° 56. — *Rue des Gallois.* Cette rue, était autrefois, un chemin de cinq mètres de largeur, qui « com-» muniquait de la grande *rue des Récollets* au vacant » du *Port-Garaud.* Les neuf dixièmes de sa longueur » furent cédés en location au sieur *Sajus*, puis au sieur » *Castex.*

« Par arrêté du 11 août 1832, il lui a été enjoint de » rendre ce terrain à la voie publique ; cet arrêté

» n'a pas reçu son exécution, *cependant, il convient de*
» *rétablir cette communication.*

« Sa largeur serait de six mètres : l'élargissement
» porterait sur le côté sud qui ne se compose que de
» terres et de jardins.»

Et nous sommes d'autant plus autorisés à demander
l'ouverture de cette Rue, qu'elle a déjà reçu un commencement d'exécution.

En effet, losrque *M. Azéma* voulut faire bâtir sa
maison, il demanda l'alignement à la ville, qui le lui
donna sur celui *de la rue des Gallois,* mais en faisant
observer à M. Azéma qu'il eût à se porter un peu en ar-
rière sur le côté sud ( la distance même lui fut assignée ;
qu'on consulte à ce sujet l'accord fait, alors, entre l'administration et M. Azéma : ce document doit exister
dans les archives de la Mairie.)

Et pourquoi donnait-on ainsi cet alignement à M.
Azéma ?

C'est parce que le Conseil Municipal, dans sa délibération, séance du 15 avril 1839, reconnaissant *l'impor-*
*tance de* rétablir cette communication, avait assigné d'a-
près le nouveau plan sur les alignements de la ville,
six mètres de largeur au lieu de cinq qu'avait la *rue des*
*Gallois* ; et quand en 1852, M. Azéma fit construire sa
maison, il se conforma à toutes ces dispositions admi-
nistratives, et par ce fait, nous disons que l'ouverture
de la *rue des Gallois* a reçu un commencement d'exécution, et cela se trouve démontré par l'angle de la
maison destinée à borner la rue, qui au lieu d'être à

angle carré, se trouve à pan coupé, ce qui indique qu'aucune autre maison ne doit y être adossée.

Notre demande nous paraît fondée en justice, en droit, et par des précédents que nous invoquons et qui nous font espérer que l'administration n'a point deux poids et deux mesures.

Nous citerons deux faits analogues à notre cause qui ont eu une solution bien différente à celle qu'on paraîtrait vouloir donner à la nôtre.

Alors on s'est attaché à faire triompher l'intérêt général, et aujourd'hui, on aurait une tendance à donner gain de cause à un intérêt privé, et cela, sans égards, sans prendre le moindre ménagement, en vue de cet intérêt général ; car il est des circonstances où l'on peut chercher à sauvegarder les intérêts d'un chacun, en proposant tels ou tels moyens pour tout concilier, et c'est bien ici le cas ; mais sous le prétexte de considérer *comme presque* d'utilité publique, l'établissement des Dames du Refuge dans le quartier des Récollets, l'administration se montrerait au contraire, fort disposée à vendre à ces Dames la rue des Gallois, dont les habitants, pourtant, réclament depuis plusieurs années, l'ouverture, dans un but d'intérêt général, qui se trouverait ainsi sacrifié à un intérêt privé.

Si l'on considère l'établissement d'un couvent *comme presque d'utilité publique*, nous considérons nous, comme étant *entièrement d'utilité publique réelle*, l'intérêt d'une population avant tout ; et telle est l'opinion générale.

Mais pour se préparer leur gain de cause, nos adversaires font encore aujourd'hui, de notre question, qui n'a trait qu'à une ouverture de rue, une question religieuse, à laquelle ils se complaisent, bien injuste-

ment, à nous montrer antipathiques, et cela sans doute,
parce que nous avons réfuté cette opinion émise par
eux :

« Que le couvent fera mieux la prospérité du quar-
» tier, que l'ouverture de la rue. »

Oui, certes, telle est notre opinion, et il n'est per-
sonne qui l'apprécie sous un autre point de vue ; mais
ce n'est pas à dire pour cela, que nous nous opposons
à l'établissement de ces Dames dans nos quartiers, que
nous ne voulons pas de couvent quand même !.....
Nous ne voulons pas détruire un droit, et ces Dames
l'ont ; libre à elles de s'établir comme elles voudront,
et où elles voudront ; mais en ne blessant pas toutefois,
les intérêts d'une population ; et loin de les repousser,
nous vous demandons (puisque abondance de biens ne
nuit pas), de faire, d'une pierre deux coups, en nous
donnant la prospérité du couvent et la prospérité de la
Rue.

Voici encore, des documents à l'appui de notre rai-
sonnement sur les prétentions de notre demande :

1° Séance du Conseil Municipal du 7 mai 1857 :

« Vu toutes les pièces du dossier et de l'enquête,
» notamment le rapport de M. Vitry, agent-voyer, du
» 29 août 1856 ;

« Considérant qu'il résulte évidemment de l'état des
» lieux, que la demande en déplacement *du chemin de*
» *Méric*, formé par M. Delpon, ne procure aucun avan-
» tage aux communes voisines ; qu'en résultat, elles
» n'ont pour but qu'un intérêt particulier ;

« Considérant, d'un autre côté, qu'elle est fort désa-
» vantageuse à tous les propriétaires voisins du sieur
» Delpon ;

« Considérant, dès-lors, qu'il est de toute justice de
» conserver le chemin de *Meric*, tel qu'il est classé et
» établi ;
» Le Conseil n'est pas d'avis d'accepter la rectifica-
» tion proposée par M. Delpon.»


Tel est l'arrêt du Conseil Municipal d'alors, qui
comptait dans son sein dix-neuf membres, qui siégent
encore aujourd'hui parmi vous, et dont M. Daguilhon
Pujol était rapporteur.

2° Séance du Conseil Municipal du 22 novembre
1862 :

Ici, le Conseil rejette pareillement la demande de
« MM. Baptiste et Maybon, tendant à établir un châlet
» provisoire dans la rue des Renforts, sur le terrain
» cédé déjà à la voie publique, par suite d'alignement
» de la dite Rue.» (Il ne s'agissait alors que d'une con-
cession temporaire). Néanmoins, par respect pour l'intérêt d'utilité publique, sans doute, le rejet eut lieu
sur la proposition de M. Massol.

Le Conseil Municipal, nouvellement saisi de cette
affaire, d'après le résultat de l'enquête, a donc à se
prononcer.

Si la législation sur cette matière qui réside dans
l'ordonnance de 1667, titre 22, dont les dispositions
sont encore suivies, et dans une instruction ministé-
rielle du 20 avril 1815, a jugé que la formalité de l'enquête était strictement nécessaire dans le cas où une
commune dispose de ses droits de propriété *qui appar-
tiennent au corps des habitants,* on ne taxera pas, comme
on l'a déjà fait, de prétentions ridicules, les demandes

réitérées d'une population qui, depuis dix ans, solli-
cite, en vue d'un intérêt général, l'ouverture d'une Rue,
qu'on a une tendance, au contraire à fermer, pour sa-
tisfaire l'intérêt personnel des uns, et le pur agrément
des autres.

Pourquoi donc, en présence des actes d'une administration antérieure, qui, dans une de ses délibérations
a fait ressortir l'importance de rétablir la communication *de cette rue des Gallois*, l'administration actuelle
ne trouverait-elle pas , dans cette occasion-ci, un écho
de cette même opinion, dans l'esprit de ceux qui suc-
cédant à ses travaux, et qui, considérés, comme les pro-
tecteurs-nés de la population dont ils sont appelés à
représenter et à défendre les intérêts, pourquoi l'administration d'aujourd'hui, disons-nous, hésiterait-elle à
se montrer aussi bienveillante que juste, en faisant
droit à la réclamation des habitants du faubourg Saint-
Michel, et en se prononçant soit pour le *statu quo*, soit
pour l'ouverture de la Rue, dont les besoins et l'opportunité se trouvent, on ne peut mieux justifiés par tout
ce qui précède, comme par leurs nombreuses réclamations, et tout récemment encore, par leurs vœux expri-
més dans l'enquête.

La population de Saint-Michel se résume, en sup-
pliant l'administration, si elle ne veut pas lui accorder
le présent, de ne pas lui enlever, de ne pas vendre
son avenir.

Pour, et au nom de tous les signataires de la
Pétition et de l'enquête :

Em. Courso; Barrafite; Rulh, capitaine en retraite;
Pagès, ancien député; Rouleau, marchand, propriétaires dans la rue des Récollets.

Raynaud (Bernard), marchand de bois, place Saint-
Michel, descente du Port-Garaud, propriétaire dans la
rue des Récollets.

Castex aîné, mécanicien, descente du Port-Garaud.

Judan, docteur médecin-major, en retraite; Rau;
Barus (oncle); Barus (neveu); Finiels, sériciculteur;
Lacroix, propriétaires dans la Grande rue Saint-Mi-
chel.

Rochette père; Rochette fils, négociants, propriétaires dans les deux rues, Saint-Michel et des Récollets.

Toulouse, imprimerie Troyes Ouvriers Réunis, rue Saint-Pantaléon, 3.

www.ingramcontent.com/pod-product-compliance
Lightning Source LLC
Chambersburg PA
CBHW060737280326
41933CB00013B/2668